AF205418

Impressum
Verlag: BABADADA GmbH, Nedderfeld 112 , 22529 Hamburg
Geschäftsführer / Verlagsleitung: Harald Hof
Druck: Books on Demand GmbH, In de Tarpen 42, 22848 Norderstedt

Imprint
Publisher: BABADADA GmbH, Nedderfeld 112 , 22529 Hamburg, Germany
Managing Director / Publishing direction: Harald Hof
Print: Books on Demand GmbH, In de Tarpen 42, 22848 Norderstedt

בית ספר

xue xiao

כיתה
jiao shi
חילק
chu
186/2
לוח
hei ban
xiao yuan
מורה
lao shi
נייר
zhi
כתב
shu xie
עט
gang bi
שולחן עבודה
ban gong zhuo
סרגל
zhi chi
ספר
shu
תלמיד
xue sheng

עיפרון

qian bi

קלמר

qian bi he

ילקוט

shu bao

חוברת סרטוט

hua ban

גומי מחיקה

xiang pi ca

מחדד

juan bi dao

סרטוט

tu hua

מברשת

hua bi

קופסת צבעים

yan liao he

מספריים

jian dao

דבק

jiao shui

ספר תרגול

lian xi ce

שיעור בית

jia ting zuo ye

12

מספר

shu zi

2+2

חיבר

jia

5−2

חיסר

jian

2✕2

הכפיל

cheng

חישב

ji suan

A

אות

zi mu

ABCDEFG HIJKLMN OPQRSTU VWXYZ

אלפבית

zi mu biao

hello

מילה

zi

טקסט

ke wen

קרא

du

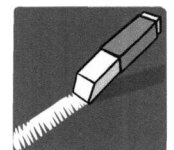

גיר

fen bi

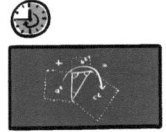

שיעור

shang ke

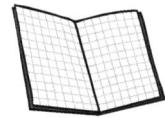

יומן נוכחות

deng ji

מבחן

kao shi

תעודה

zheng shu

תלבושת בית ספר

xiao fu

חינוך

jiao yu

אנציקלופדיה

bai ke quan shu

אוניברסיטה

da xue

מיקרוסקופ

xian wei jing

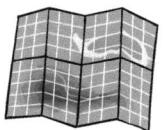

מפה

di tu

סל נייר

fei zhi kuang

נסיעה

lü xing

מלון
jiu dian
Grand
הוסטל
qing nian lü xing she
המרת מטבע
wai bi dui huan chu
EXCHANGE
מזוודה
shou ti xiang
אוטו
qi che

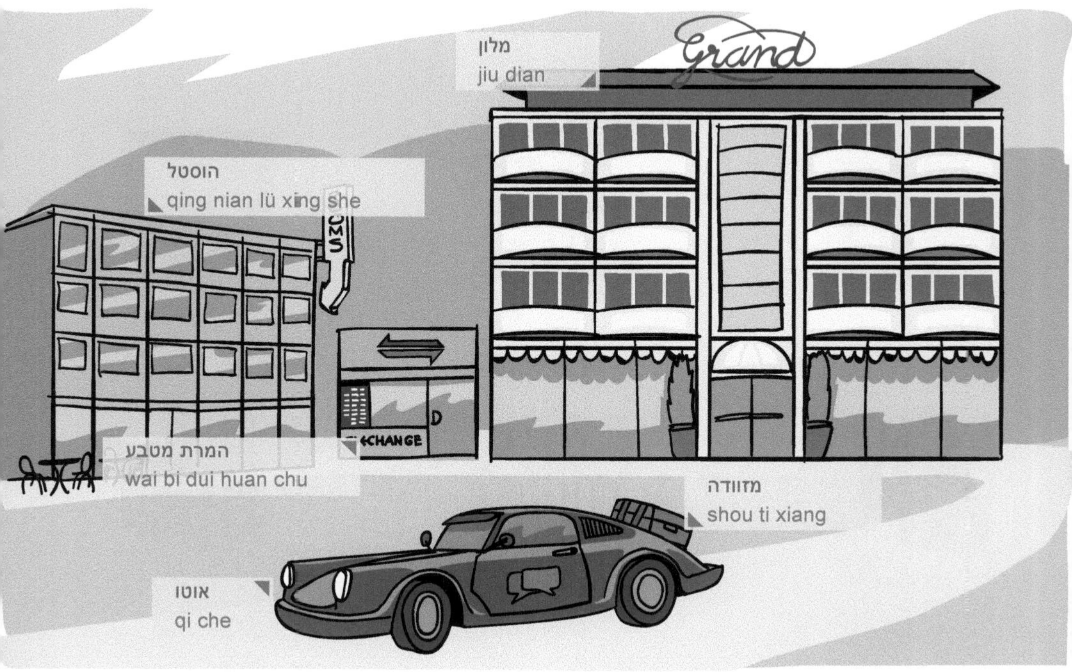

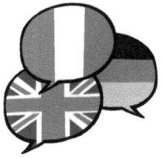

שפה
yu yan

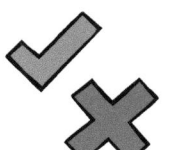

כן / לא
shi/fou

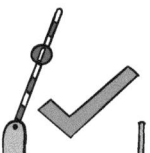

בסדר
hao de

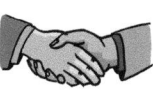

שלום
nin hao

מתרגם
fan yi yuan

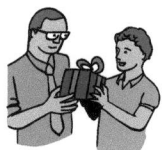

תודה
xie xie

כמה עולה.....?

......duo shao qian?

אני לא מבין

wo bu ming bai

בעיה

wen ti

ערב טוב!

wan shang hao!

בוקר טוב!

zao shang hao!

לילה טוב!

wan an!

להתראות

zai jian

כיוון

fang xiang

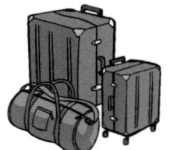

כבודה

xing li

תיק

bao

תרמיל גב

shuang jian bao

אורח

ke ren

חדר

fang jian

שק שינה

shui dai

אוהל

zhang peng

מרכז מידע לתיירים

lü you xin xi

חוף ים

hai tan

כרטיס אשראי

xin yong ka

ארוחת בוקר

zao can

ארוחת צהריים

wu can

ארוחת ערב

wan can

כרטיס

piao

מעלית

dian ti

בול

you piao

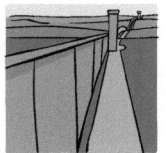

גבול

bian jie

מכס

hai guan

שגרירות

da shi guan

אשרה

qian zheng

דרכון

hu zhao

תחבורה

jiao tong yun shu

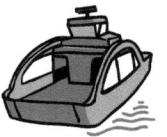

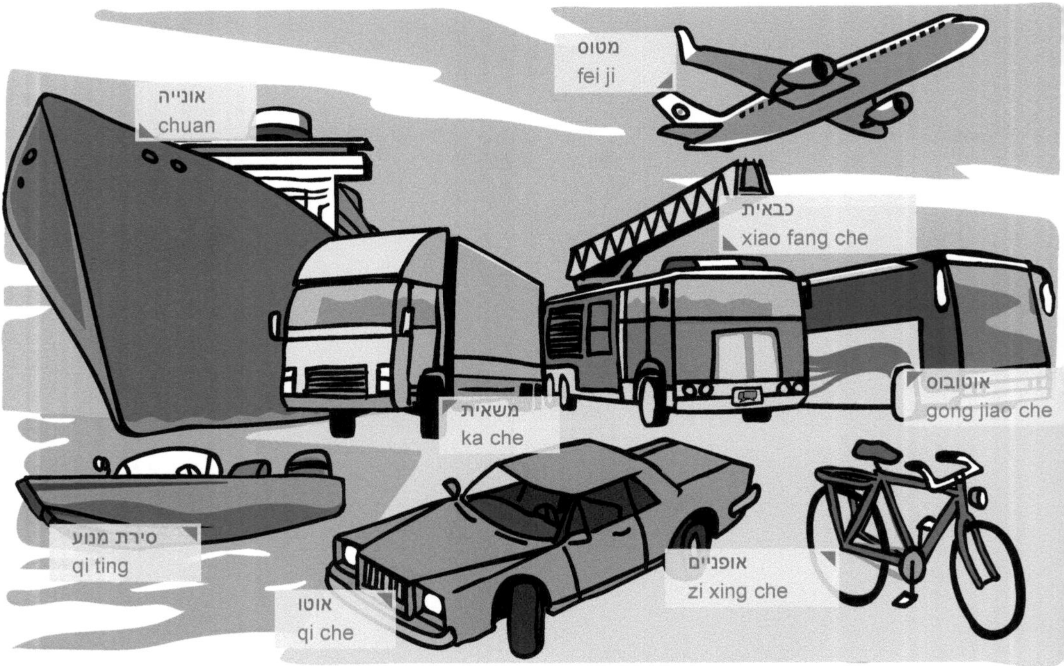

מטוס
fei ji
אונייה
chuan
כבאית
xiao fang che
אוטובוס
gong jiao che
משאית
ka che
סירת מנוע
qi ting
אופניים
zi xing che
אוטו
qi che

מעבורת

bai du chuan

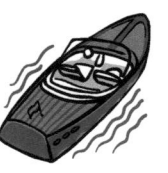

סירה

xiao chuan

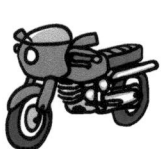

אופנוע

mo tuo che

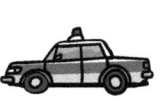

ניידת משטרה

jing che

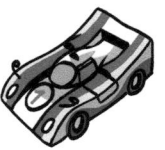

מכונית מרוץ

sai che

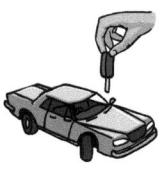

רכב שכור

zu che

מכוניות בשיתוף

pin che

אוטו גרר

tuo che

משאית זבל

la ji che

מנוע

fa dong ji

דלק

qi you

תחנת דלק

jia you zhan

תמרור

jiao tong biao zhi

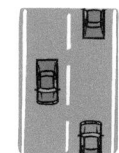

תנועה

jiao tong

פקק תנועה

jiao tong du sai

חניה

ting che chang

תחנת רכבת

huo che zhan

פסי רכבת

gui dao

רכבת

huo che

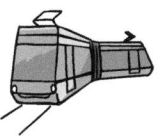

רכבת קלה

dian che

קרון

huo che

מסוק

zhi sheng ji

שדה-תעופה

ji chang

מגדל

ta

נוסע

cheng ke

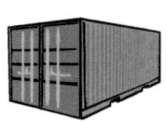

קונטיינר

ji zhuang xiang

קרטון

zhi ban xiang

עגלה

shou tui che

סל

lan zi

המראה / נחיתה

qi fei/jiang luo

עיר

cheng shi

כפר

cun zhuang

מרכז העיר

shi zhong xin

בית

fang zi

קולנוע
dian ying yuan
פרסומת
guang gao
CINEMA
מנורת רחוב
lu deng
רחוב
jie dao
מונית
chu zu che
קיוסק
xiao chi dian
הולך רגל
xing ren
רציף
ren xing dao
מעבר חצייה
ban ma xian
פח אשפה
la ji xiang
צומת
shi zi lu kou
רמזור
hong lü deng

בקתה

xiao wu

דירה

gong yu

תחנת רכבת

huo che zhan

עירייה

shi zheng ting

מוזיאון

bo wu guan

בית ספר

xue xiao

אוניברסיטה

da xue

בנק

yin hang

בית חולים

yi yuan

מלון

jiu dian

בית מרקחת

yao fang

משרד

ban gong shi

חנות ספרים

shu dian

חנות

shang dian

חנות פרחים

hua dian

סופרמרקט

chao shi

שוק

shi chang

כל-בו

bai huo shang dian

מוכר דגים

yu dian

קניון

gou wu zhong xin

נמל

hai gang

פארק
gong yuan

ספסל
chang deng

גשר
qiao

מדרגות
lou ti

רכבת תחתית
di tie

מנהרה
sui dao

תחנת אוטובוס
gong jiao che zhan

בר
jiu ba

מסעדה
can guan

תא דואר
you tong

שלט רחוב
lu biao

מדחן
ting che ji shi qi

גן חיות
dong wu yuan

בריכת שחיה
you yong guan

מסגד
qing zhen si

חווה
nong chang

זיהום
wu ran

בית עלמין
mu di

כנסייה
jiao tang

מגרש משחקים
cao chang

בית מקדש
si miao

נוף
di xing

עלה
shu ye

תמרור
zhi shi pai

דרך
lu

מרעה
cao di

אבן
shi tou

עץ
shu

מטייל
tu bu lü xing zhe

נהר
he

דשא
cao

פרח
hua

בקעה

xia gu

הר

shan

אגם

hu

יער

sen lin

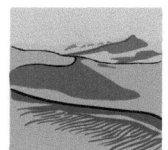

מדבר

sha mo

הר געש

huo shan

טירה

cheng bao

קשת בענן

cai hong

פטריה

mo gu

דקל

zong lü shu

יתוש

wen zi

זבוב

cang ying

נמלה

ma yi

דבורה

mi feng

עכביש

zhi zhu

חיפושית

jia chong

צפרדע

qing wa

סנאי

song shu

קיפוד

ci wei

ארנב

ye tu

ינשוף

mao tou ying

ציפור

niao

ברבור

tian e

חזיר בר

ye zhu

צבי

lu

אייל הקורא

mi lu

סכר

shui ba

טורבינת רוח

feng li fa dian ji

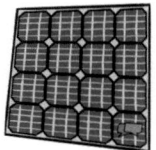

פנל סולארי

tai yang neng dian chi ban

אקלים

qi hou

מסעדה

can guan

מלצר
fu wu yuan
תפריט
cai dan
כסא
y zi
מרק
tang
פיצה
pi sa bing
סכו"ם
מפת שולחן
zhuo bu

מנת פתיחה

qian cai

מנה עיקרית

zhu cai

קינוח

tian dian

שתיות

yin liao

אוכל

shi wu

בקבוק

ping zi

מזון מהיר

kuai can

אוכל רחוב

jie bian xiao chi

קנקן תה

cha hu

מסכרת

tang he

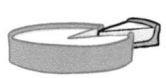

מנה

yi fen fan cai

מכונת אספרסו

yi shi ka fei ji

כסא תינוק

gao jiao yi

חשבון

zhang dan

מגש

tuo pan

סכין

dao

מזלג

can cha

כף

shao zi

כפית

cha chi

מפית

can jin

כוס

bo li bei

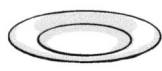

צלחת

die zi

קערת מרק

tang pan

תחתית

die zi

רוטב

jiang

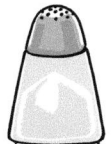

מלחייה

yan ping

מטחנת פלפל

hu jiao mo

חומץ

cu

שמן

shi yong you

תבלינים

tiao wei liao

קטשופ

fan qie jiang

חרדל

jie mo

מיונז

dan huang jiang

סופרמרקט
chao shi

מבצע
te jia
FOR
לקוח
gu ke
מוצרי חלב
ru zhi pin
פירות
shui guo
עגלת קניות
gou wu che

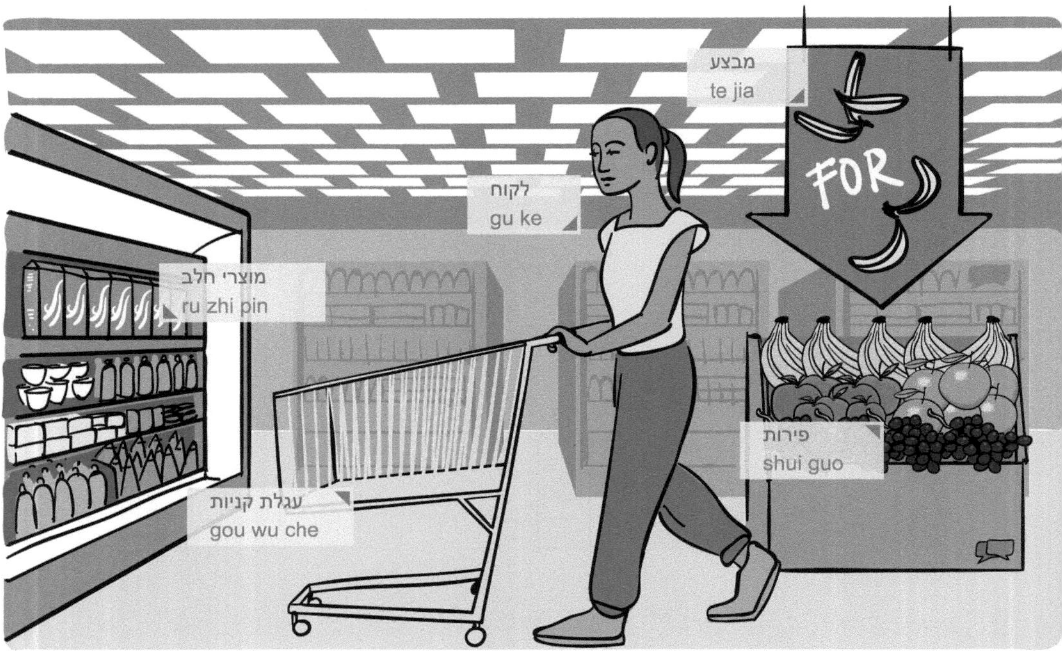

אטליז

rou pu

מאפייה

mian bao fang

שקל

cheng zhong

ירקות

shu cai

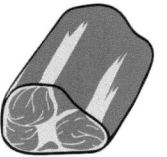

בשר

rou

מזון קפוא

leng dong shi pin

בשר קר
leng pan

שימורים
guan tou shi pin

אבקת כביסה
xi yi fen

ממתקים
tian shi

מוצרי בית
ri yong pin

חומר ניקוי
qing jie yong pin

מוכרת
xiao shou yuan

קופה
shou yin ji

קופאי
shou yin yuan

רשימת קניות
gou wu qing dan

שעות פתיחה
kai fang shi jian

ארנק
qian bao

כרטיס אשראי
xin yong ka

תיק
dai zi

שקית נילון
su liao dai

שתיות

yin liao

מים

shui

מיץ

guo zhi

חלב

niu nai

קולה

ke le

יין

hong jiu

בירה

pi jiu

אלכוהול

jiu

קקאו

ke ke

תה

cha

קפה

ka fei

אספרסו

yi shi nong suo ka fei

קפוצ'ינו

ka bu qi nuo

אוכל

shi wu

תפוז

cheng zi

תפוח

ping guo

בננה

xiang jiao

גזר

hu luo bo

לימון

ning meng

אבטיח

xi gua

בצל

yang cong

במבוק

zhu zi

שום

da suan

אטריות

mian tiao

אגוזים

jian guo

פטריות

mo gu

ספגטי

yi da li mian tiao

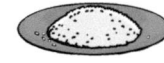

אורז

mi fan

סלט

sha la

צ'יפס

shu tiao

צ'יפס

zha tu dou

פיצה

pi sa bing

המבורגר

han bao bao

כריך

san ming zhi

שניצל

zha zhu pai

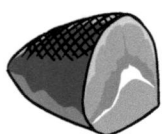

שינקין

huo tui

סלאמי

sa la mi

נקניקיה

xiang chang

עוף

ji rou

טיגון

kao rou

דג

yu

שיבולת שועל

yan mai pian

מוזלי

mu zi li

קורנפלקס

yu mi pian

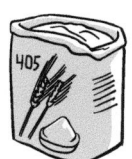

קמח

mian fen

קרואסון

yang jiao mian bao

לחמנייה

mian bao juan

לחם

mian bao

טוסט

kao mian bao

עוגיות

bing gan

חמאה

huang you

גבינה לבנה

ning ru

עוגה

dan gao

ביצה

dan

ביצת עין

jian dan

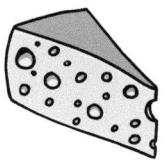

גבינה

nai lao

גלידה

bing ji lin

סוכר

tang

דבש

feng mi

ריבה

guo jiang

ממרח נוגט

qiao ke li jiang

קארי

ga li fan

חווה

nong chang

אסם
liang cang
חבילת שחת
dao cao kun
שדה
tian ye
סוס
ma
עגלת נגרר
tuo che
סייח
ma ju
טרקטור
tuo la ji
חמור
lü
כבש
yang
טלה
gao yang

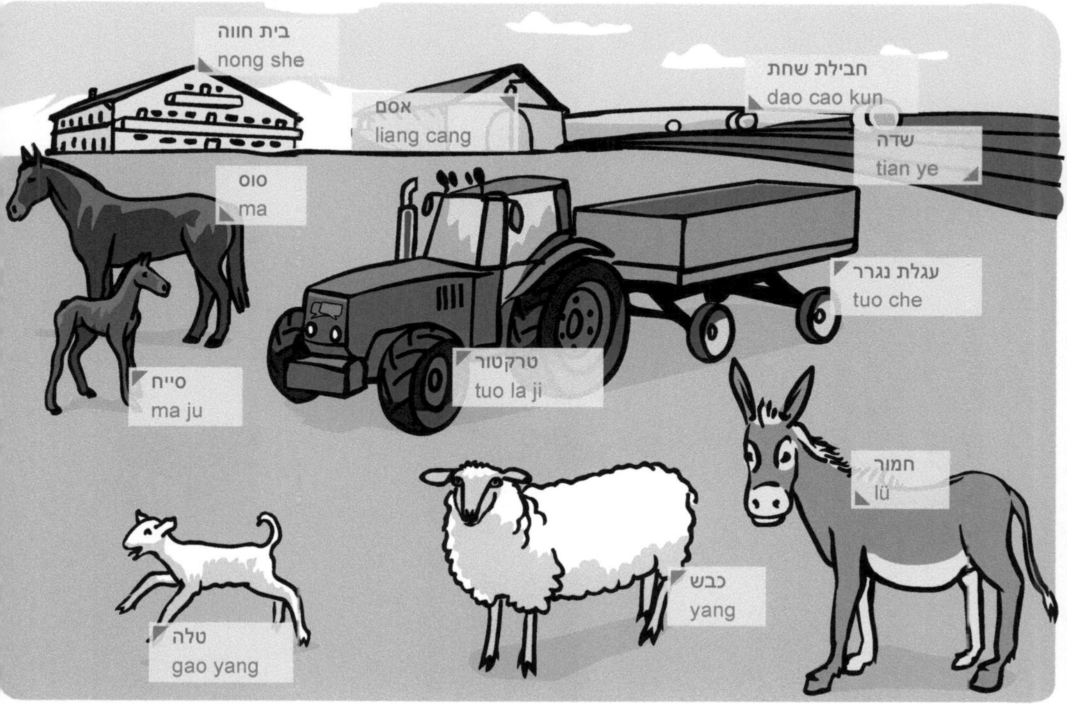

עז

shan yang

פרה

nai niu

עגל

niu du

חזיר

zhu

חזרזיר

xiao zhu

שור

gong niu

אווז

e

ברווז

ya

אפרוח

xiao ji

תרנגולת

mu ji

תרנגול

gong ji

חולדה

shu

חתול

mao

עכבר

lao shu

שור

niu

כלב

gou

מלונה

gou wu

צינור השקיה

hua yuan jiao shui ruan guan

קנקן מים

sa shui hu

חרמש

chang bing da lian dao

מחרשה

li

מגל

lian dao

מגרפה

chu tou

קלשון

chang bing cao pa

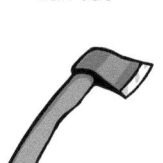

גרזן

fu tou

מריצה

du lun shou tui che

שוקת

si liao cao

כד חלב

niu nai guan

שק

ma bu dai

גדר

zha lan

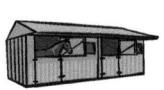

אורווה

ma jiu

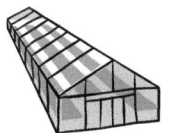

חממה

wen shi

אדמה

tu rang

זרע

zhong zi

דשן

fei liao

מקצרה

lian he shou ge ji

בטטה אפריקנית

shan yao

קציר

shou ge

קצר

shou ge

תפוח אדמה

tu dou

סויה

da dou

חיטה

xiao mai

עץ פירות

guo shu

קנולה

you cai zi

תירס

yu mi

דגנים

gu wu

קסבה

shu shu

בית
fang zi

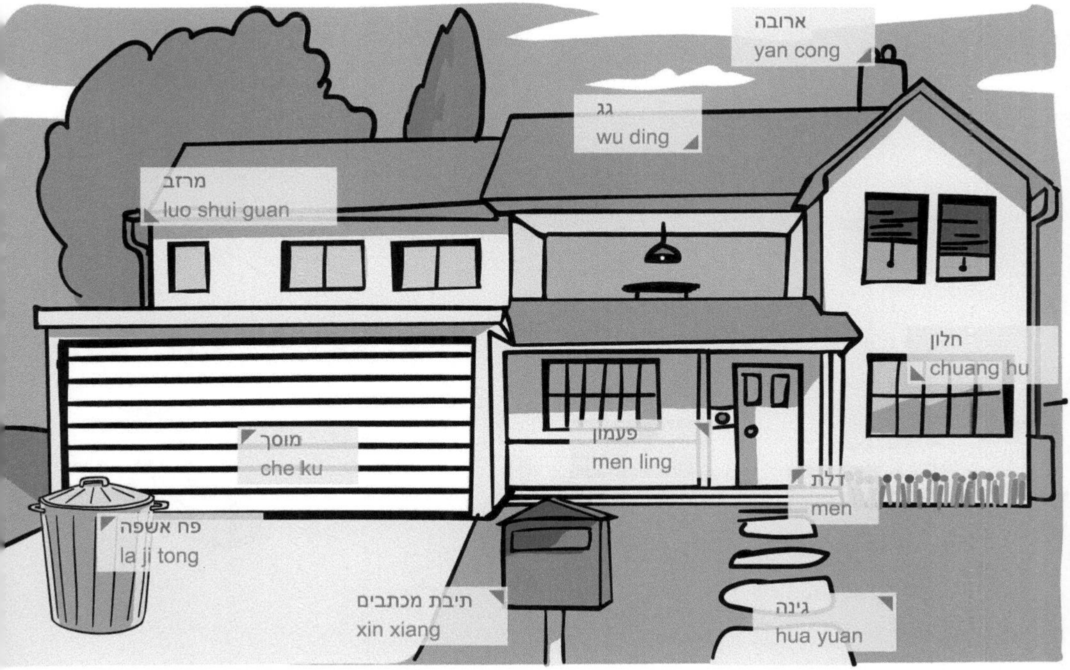

ארובה
yan cong
גג
wu ding
מרזב
luo shui guan
חלון
chuang hu
מוסך
che ku
פעמון
men ling
דלת
men
פח אשפה
la ji tong
תיבת מכתבים
xin xiang
גינה
hua yuan

מטבח
chu fang

חדר אמבטיה
yu shi

סלון
ke ting

חדר אוכל
can ting

חדר ילדים
er tong fang

חדר שינה
wo shi

רצפה

di ban

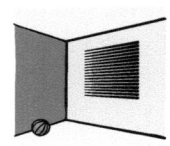

קיר

qiang bi

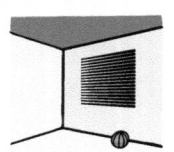

תקרה

diao ding

מרתף

di jiao

סאונה

sang na

מרפסת

yang tai

מרפסת

lu tai

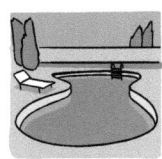

בריכה

you yong chi

מכסחת דשא

ge cao ji

סדין

bei dan

כיסוי מיטה

chuang zhao

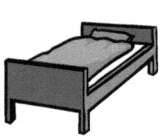

מיטה

chuang

מטאטא

sao zhou

דלי

shui tong

מפסק

kai guan

סלון
ke ting

טפט
bi zhi
תמונה
zhao pian
מנורה
tai deng
מדף
ge jia
ארון
chu gui
טלוויזיה
dian shi ji
אח
bi lu
פרח
hua
כרית
dian zi
ספה
sha fa
אגרטל
hua ping
שלט רחוק
yao kong qi

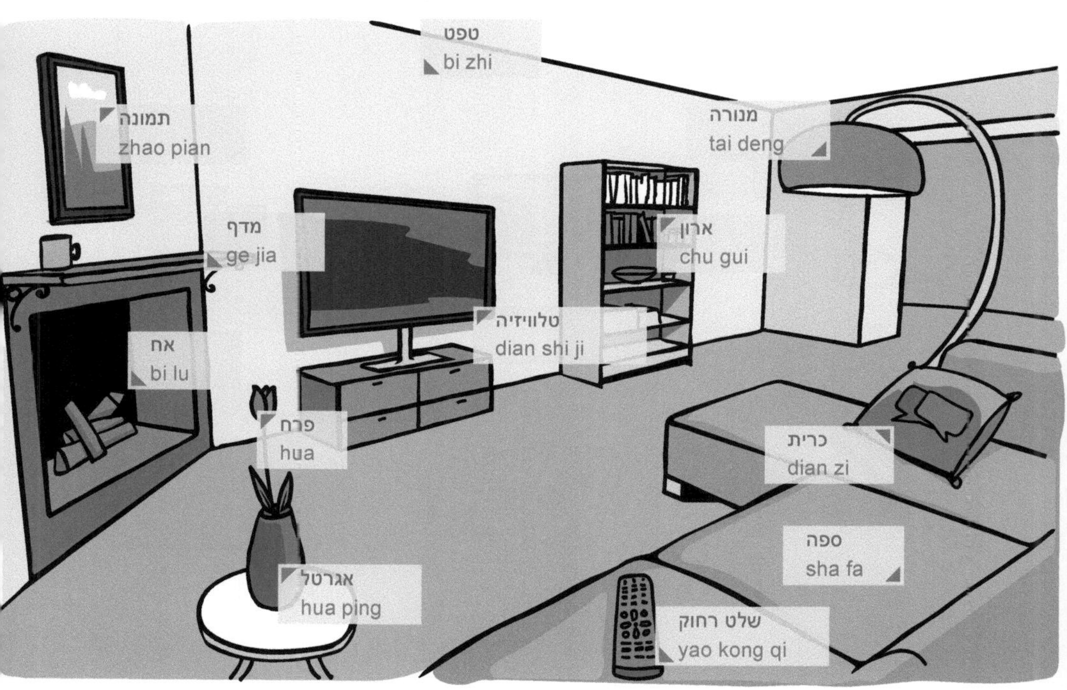

שטיח

di tan

וילון

chuang lian

שולחן

can zhuo

כסא

yi zi

כיסא נדנדה

yao yi

כורסה

fu shou yi

ספר

shu

שמיכה

tan zi

דקורציה

zhuang shi pin

עצי הסקה

mu chai

סרט

dian ying

מערכת סטריאו

gao bao zhen yin xiang

מפתח

yao shi

עיתון

bao zhi

ציור

you hua

פוסטר

hai bao

רדיו

shou yin ji

מחברת

bi ji ben

שואב אבק

xi chen qi

קקטוס

xian ren zhang

נר

la zhu

מטבח
chu fang

מקרר
bing xiang
מיקרוגל
wei bo lu
טוסטר
kao mian bao ji
חומר ניקוי
xi jie jing
תנור
kao xiang
מקפיא
bing gui
פח אשפה
la ji tong
מדיח כלים
xi wan ji

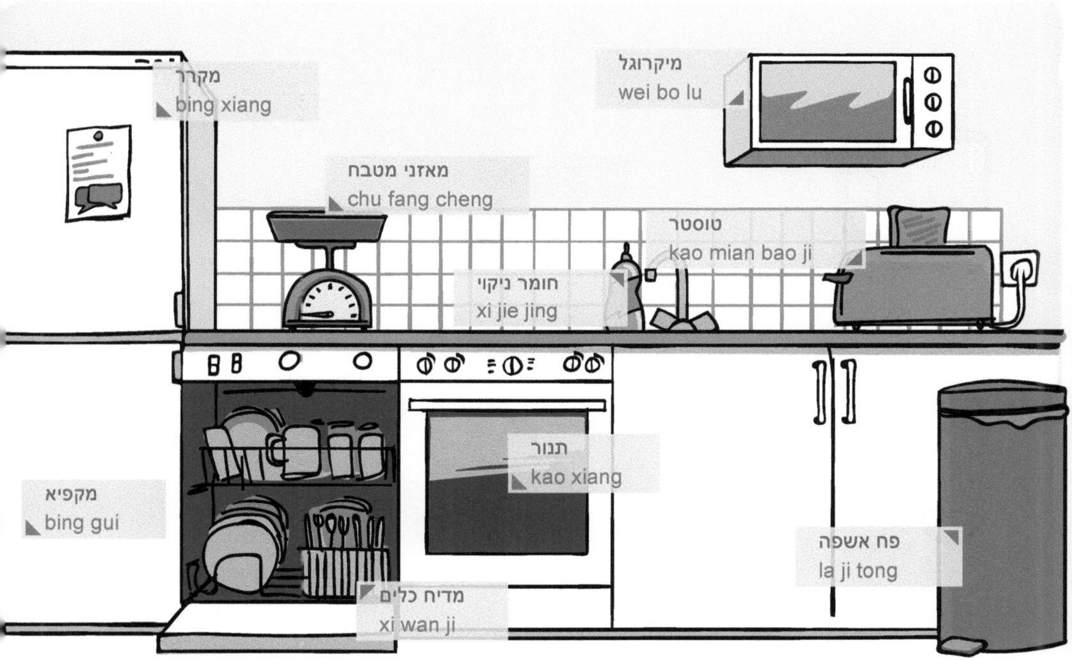

תנור
chui ju

סיר
guo

סיר ברזל
zhu tie guo

ווק
sha guo

מחבת
ping di guo

קומקום חשמלי
shui hu

מאדה

zheng guo

מגש אפייה

kao pan

כלי אוכל

tao ci guo

ספל

ma ke bei

קערה

wan

צ'ופסטיקס

kuai zi

מצקת

chang bing shao

מרית

chan zi

מטרפה

jiao ban qi

מסננת בישול

lü wang

מסננת

shai zi

מגרדת

mo sui ji

מכתש

yan bo

גריל

shao kao

מדורה

ming huo

קרש חיתוך

cai ban

מערוך

gan mian zhang

פותחן פקקים

kai ping qi

פחית

guan zi

פותחן קופסאות

kai ping qi

מטלית

ge re shou tao

כיור

shui cao

מברשת

shua zi

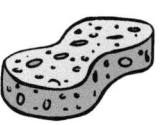

ספוג

hai mian

בלנדר

jiao ban ji

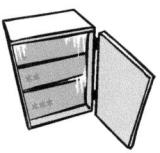

מקפיא

leng cang xiang

בקבוק לתינוק

nai ping

ברז

shui long tou

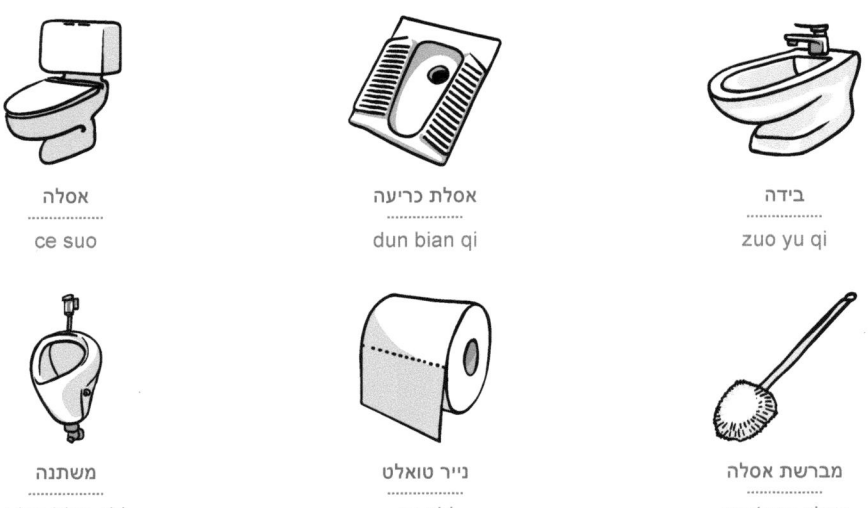

חדר אמבטיה

yu shi

מקלחת
lin yu
חימום
gong nuan she bei
מגבת
mao jin
וילון מקלחת
yu lian
אמבטיית קצף
pao mo yu
אמבטיה
yu gang
כוס
bo li bei
מכונת כביסה
xi yi ji
ברז
shui long tou
אריחים
ci zhuan
סיר לילה
bian hu
כיור
shui cao

אסלה

ce suo

אסלת כריעה

dun bian qi

בידה

zuo yu qi

משתנה

xiao bian chi

נייר טואלט

ce zhi

מברשת אסלה

ma tong shua

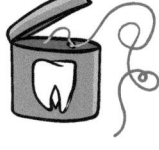

חוט דנטלי

ya xian

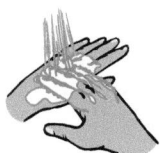

משחת שיניים

ya gao

מברשת שיניים

ya shua

צינור שטיפה לשירותים

chong xi qi

מקלחת יד

shou chi shi pen lin tou

שטף

xi

סבון

fei zao

מברשת גב

ca bei shua

קערת רחצה

xi lian pen

ליפה

fa lan rong

שמפו

xi fa shui

ג'ל רחצה

mu yu lu

דיאודורנט

chu chou ji

קרם

ru shuang

ניקוז

pai shui

מראה

jing zi

מראת יד

shou jing

סכין גילוח

ti xu dao

קצף גילוח

ti xu pao mo

אפטרשייב

xu hou shui

מסרק

shu zi

מברשת

shua zi

מייבש שיער

chui feng ji

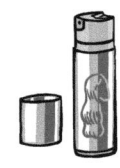

ספריי לשיער

pen fa ding xing ji

איפור

hua zhuang pin

שפתון

chun gao

לק

zhi jia you

צמר גפן

hua zhuang mian

מספריים לציפורניים

zhi jia jian

בושם

xiang shui

תיק כלי רחצה

xi shu bao

שרפרף

deng zi

משקל

ji zhong cheng

חלוק רחצה

yu pao

כפפות גומי

xiang jiao shou tao

טמפון

wei sheng mian tiao

תחבושת סניטרית

wei sheng jin

שירותים כימיקליים

hua xue ce suo

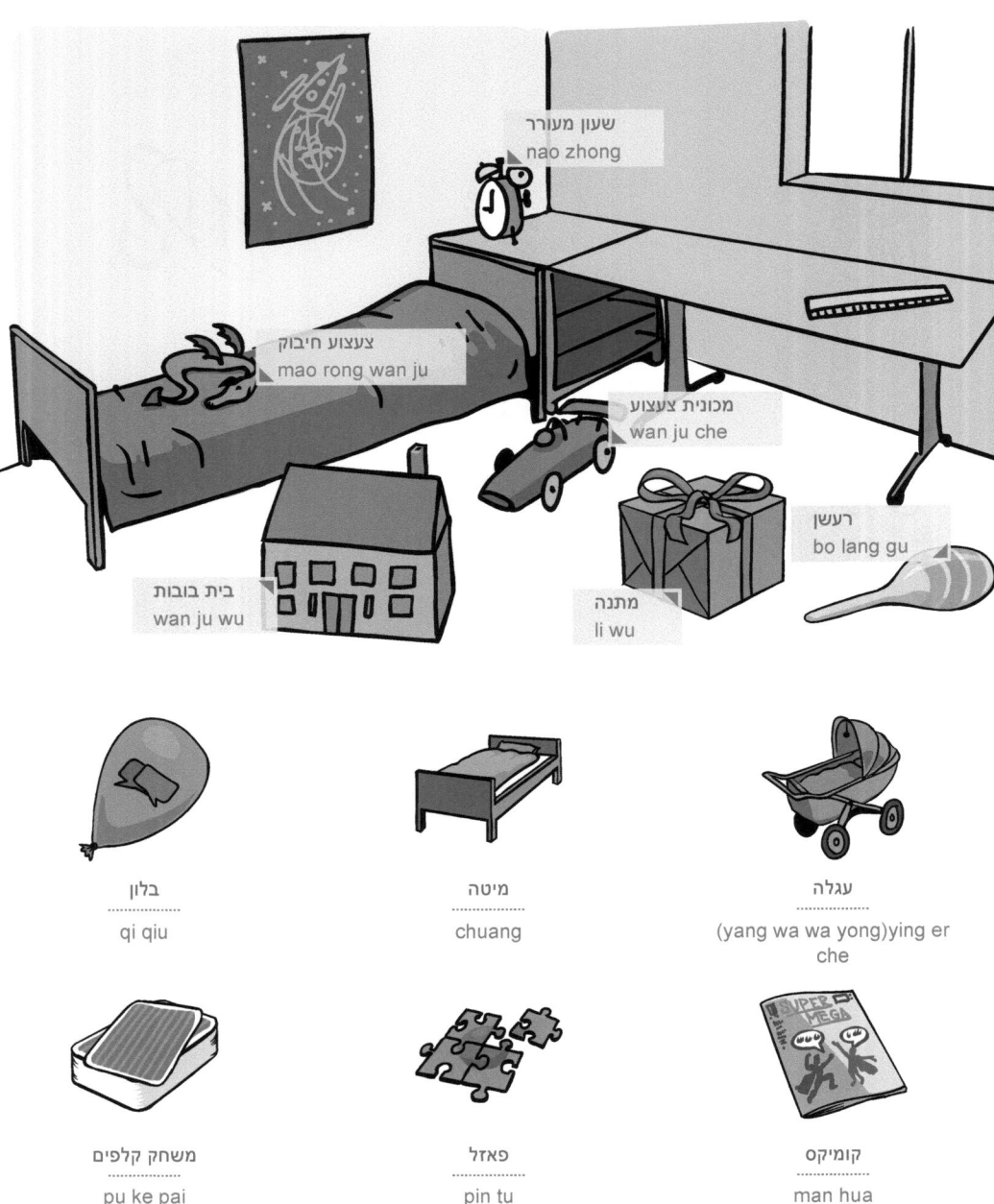

חדר ילדים

er tong fang

שעון מעורר
nao zhong
צעצוע חיבוק
mao rong wan ju
מכונית צעצוע
wan ju che
רעשן
bo lang gu
בית בובות
wan ju wu
מתנה
li wu

בלון

qi qiu

מיטה

chuang

עגלה

(yang wa wa yong)ying er che

משחק קלפים

pu ke pai

פאזל

pin tu

קומיקס

man hua

לגו

le gao ji mu

קוביות משחק

ji mu wan ju

דמות משחק

wan ju ren

סרבל תינוקות

ying er fu

פריזבי

fei pan

נייד

chuang ling wan ju

משחק לוח

qi pan you xi

קוביה

shai zi

רכבת צעצוע

huo che mo xing

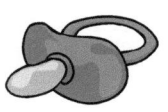

מוצץ

an fu nai zui

מסיבה

ju hui

אלבום תמונות

hui ben

כדור

qiu

בובה

yang wa wa

שיחק

wan

ארגז חול

sha keng

נדנדה

qiu qian

צעצועים

wan ju

קונסולת משחקים

you xi ji

אופניים תלת גלגלי

san lun che

דובון

tai di xiong

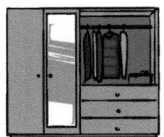

ארון בגדים

yi chu

בגדים

yi fu

גרביים

wa zi

גרביונים

chang wa

גרביון

jin shen ku

צעיף
wei jin

חגורה
pi dai

מטריה
yu san

חולצת טי
T xu

מגפיים
xue zi

נעלי בית
tuo xie

נעלי ספורט
yun dong xie

סנדלים
liang xie

נעליים
xie

מגפי גומי
yu xue

תחתונים
nei ku

חזייה
xiong zhao

וסט
bei xin

גוף
shen ti

מכנסיים
ku zi

ג'ינס
niu zai ku

חצאית
duan qun

חולצה מכופתרת
nü shi chen shan

חולצה
chen shan

אפודה
tao tou shan

סווצ'ר עם קפוצ'ון
wei yi

בלייזר
xi zhuang jia ke

ז'קט
jia ke

מעיל
wai tao

מעיל גשם
yu yi

תלבושת
tao zhuang

שמלה
lian yi qun

שמלת כלה
hun sha

חליפה
xi zhuang

כותונת לילה
shui pao

פיג'מה
shui yi

סארי
sha li

מטפחת ראש
tou jin

טורבן
bao tou jin

בורקה
bo ka

קאפטן
ka fu tan

עבאיה
(a la bo shi)chang pao

בגד ים
yong yi

בגד ים
nan shi yong ku

מכנסיים קצרים
duan ku

בגד אימון
yun dong fu

סינר
wei qun

כפפות
shou tao

כפתור
niu kou

משקפיים
yan jing

צמיד יד
shou lian

שרשרת
xiang lian

טבעת
jie zhi

עגיל
er huan

כובע
bian mao

קולב
yi jia

כובע
mao zi

עניבה
ling dai

רוכסן
la lian

קסדה
tou kui

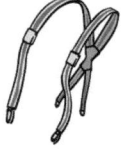

כתפיות
bei dai

תלבושת בית ספר
xiao fu

מדים
zhi fu

מפית אוכל
....
wei dou

מוצץ
....
an fu nai zui

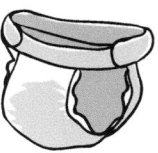

חיתול
....
niao bu shi

משרד
ban gong shi

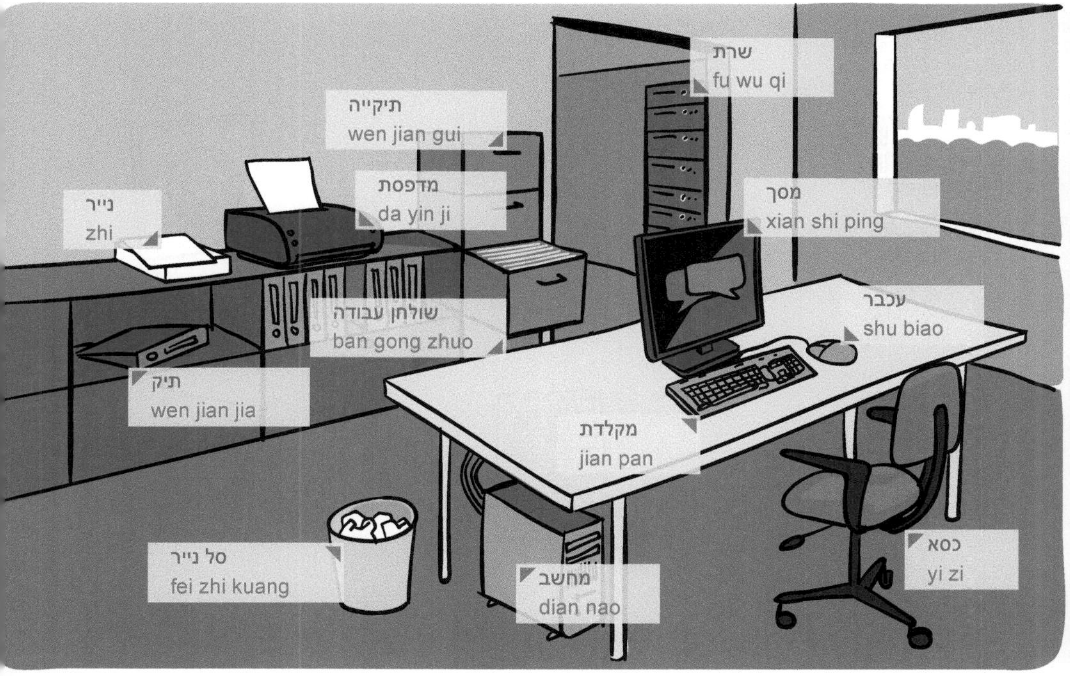

שרת
fu wu qi

תיקייה
wen jian gui

מדפסת
da yin ji

מסך
xian shi ping

נייר
zhi

שולחן עבודה
ban gong zhuo

עכבר
shu biao

תיק
wen jian jia

מקלדת
jian pan

כסא
yi zi

סל נייר
fei zhi kuang

מחשב
dian nao

ספל קפה
....
ka fei bei

מחשבון
....
ji suan qi

אינטרנט
....
yin te wang

מחשב נייד

bi ji ben dian nao

מכתב

xin jian

הודעה

xiao xi

נייד

shou ji

רשת

wang luo

מכונת צילום

fu yin ji

תוכנה

ruan jian

טלפון

dian hua

שקע

cha zuo

פקס

chuan zhen ji

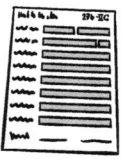

טופס

biao ge

מסמך

wen jian

קנה

mai

שילם

fu qian

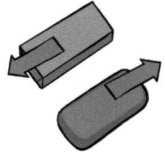

סחר

jiao yi

כסף

xian jin

USD

דולר

mei yuan

EUR

יורו

ou yuan

JPY

יין

ri yuan

RUB

רובל

lu bu

CHF

פרנק שווייצרי

rui shi fa lang

CNY

יואן רנמינבי

ren min bi

INR

רופי

lu bi

כספומט

ti kuan chu

המרת מטבע

wai bi dui huan chu

זהב

jin

כסף

yin

נפט

shi you

אנרגיה

neng yuan

מחיר

jia ge

חוזה

he tong

מס

shui jin

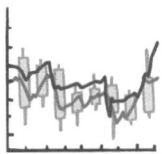

מנייה

gu piao

עבד

gong zuo

עובד

zhi yuan

מעסיק

lao ban

מפעל

gong chang

חנות

shang dian

מקצועות

zhi ye

שוטר
jing guan
כבאי
xiao fang yuan
טבח
chu shi
רופא
yi sheng
טייס
fei xing yuan

גנן

yuan ding

נגר

mu jiang

תופרת

cai feng

שופט

fa guan

כימאי

hua xue jia

שחקן

yan yuan

נהג אוטובוס

gong jiao che si ji

נהג מונית

chu zu che si ji

דייג

yu fu

עובדת נקיון

qing jie nü gong

מתקן גגות

wu ding gong

מלצר

fu wu yuan

צייד

lie ren

צייר

hua jia

אופה

mian bao shi

חשמלאי

dian gong

עובד בניין

jian zhu gong ren

מהנדס

gong cheng shi

קצב

tu fu

אינסטלטור

shui guan gong

דוור

you di yuan

חייל

shi bing

אדריכל

jian zhu shi

קופאי

shou yin yuan

מוכר פרחים

hua nong

ספר

li fa shi

כרטיסן

shou piao yuan

מכונאי

ji xie shi

קברניט

chuan zhang

רופא שיניים

ya yi

מדען

ke xue jia

רב

la bi

אימאם

yi ma mu

נזיר

he shang

כומר

mu shi

כלי עבודה
gong ju

פטיש
tie chui
צבת
qian zi
מברג
luo si dao
מפתח ברגים
ban shou
פנס
shou dian tong

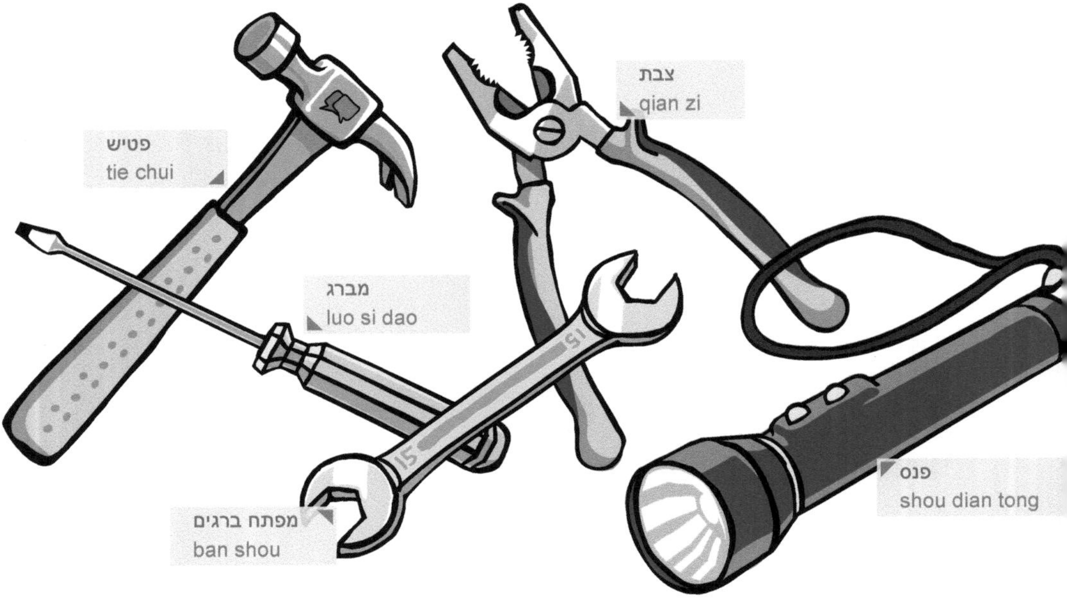

דחפור

wa jue ji

ארגז כלים

gong ju xiang

סולם

ti zi

מסור

ju zi

מסמרים

ding zi

מקדחה

zuan ji

לעזאזל!

kao!

את חפירה

chan zi

תיקן

xiu

ברגים

luo si

פח צבע

you qi tong

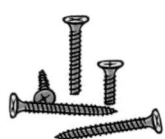

יעה

bo ji

כלי נגינה
yue qi

רמקול
yang sheng qi
מערכת תופים
da ji yue qi
גיטרה
ji ta
חצוצרה
xiao hao
קונטראבס
di yin ti qin

בס

bei si

כינור

xiao ti qin

פסנתר

gang qin

מקלדת פסנתר

dian zi qin

תופים

gu

תוף הדוד

ding yin gu

מיקרופון

mai ke feng

חליל

chang di

סקסופון

sa ke si guan

גן חיות
dong wu yuan

נמר
lao hu
כניסה
ru kou
כלוב
long zi
זברה
ban ma
מזון לחיות
dong wu si liao
פנדה
xiong mao

בעלי חיים
dong wu

פיל
da xiang

קנגרו
dai shu

קרנף
xi niu

גורילה
da xing xing

דוב
xiong

גמל

luo tuo

יען

tuo niao

אריה

shi zi

קוף

hou zi

פלמינגו

huo lie niao

תוכי

ying wu

דוב הקרח

bei ji xiong

פינגווין

qi e

כריש

sha yu

טווס

kong que

נחש

she

תנין

e yu

שומר גן החיות

dong wu yuan guan li yuan

כלב ים

hai bao

יגואר

mei zhou bao

סוס פוני

ai zhong ma

לאופרד

bao

היפופוטאם

he ma

ג'ירפה

chang jing lu

נשר

lao ying

חזיר בר

ye zhu

דג

yu

צב

gui

סוס ים

hai xiang

שועל

hu li

איילה

ling yang

פוטבול אמריקאי
gan lan qiu
רכיבת אופניים
qi zi xing che
טניס
wang qiu
כדורסל
lan qiu
שחיה
you yong
הוקי
bing qiu
אגרוף
quan ji

כדורגל

ying shi zu qiu

בדמינטון

yu mao qiu

אתלטיקה

tian jing

כדור-יד

shou qiu

עשה סקי

hua xue

פולו

ma qiu

פעילויות

huo dong

צחק
xiao
קפץ
tiao
חיבק
yong bao
הלך
zou lu
שר
chang
חלם
zuo meng
התפלל
qi dao
נשק
qin wen

כתב

shu xie

צייר

hua

הראה

zhan shi

דחף

tui

נתן

gei

לקח

na

יש / להיות הבעלים

you

עשה

zuo

היה

dang

עמד

zhan

רץ

pao

משך

la

זרק

reng

נפל

shuai dao

שכב

tang

חיכה

deng dai

סחב

xie dai

ישב

zuo

התלבש

chuan yi

ישן

shui jiao

התעורר

xing lai

הסתכל ב-

kan

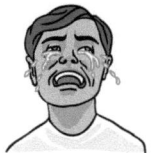

בכה

ku

ליטף

fu mo

סירק

shu tou

דיבר

jiao tan

הבין

ming bai

שאל

wen

שמע

ting

שתה

he

אכל

chi

סידר

qing li

אהב

ai

בישל

zuo fan

נהג

kai che

עף

fei

שט

hang xing

חישב

ji suan

קרא

du

למד

xue xi

עבד

gong zuo

התחתן

jie hun

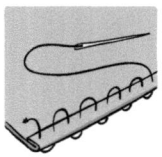

תפר

feng

ציחצח שיניים

shua ya

הרג

sha

עישן

chou yan

שלח

ji

משפחה
jia

סבתא
zu mu
סבא
zu fu
אבא
fu qin
אימא
mu qin
תינוק
ying tong
בת
nü er
בן
er zi

אורח

ke ren

דודה

a yi

דוד

shu shu

אח

xiong di

אחות

jie mei

גוף

shen ti

מצח
qian e
עין
yan jing
כתף
jian bang
אצבע
shou zhi
פנים
lian
סנטר
xia ba
כף יד
shou
רגל
tui
חזה
ru fang
זרוע
shou bi

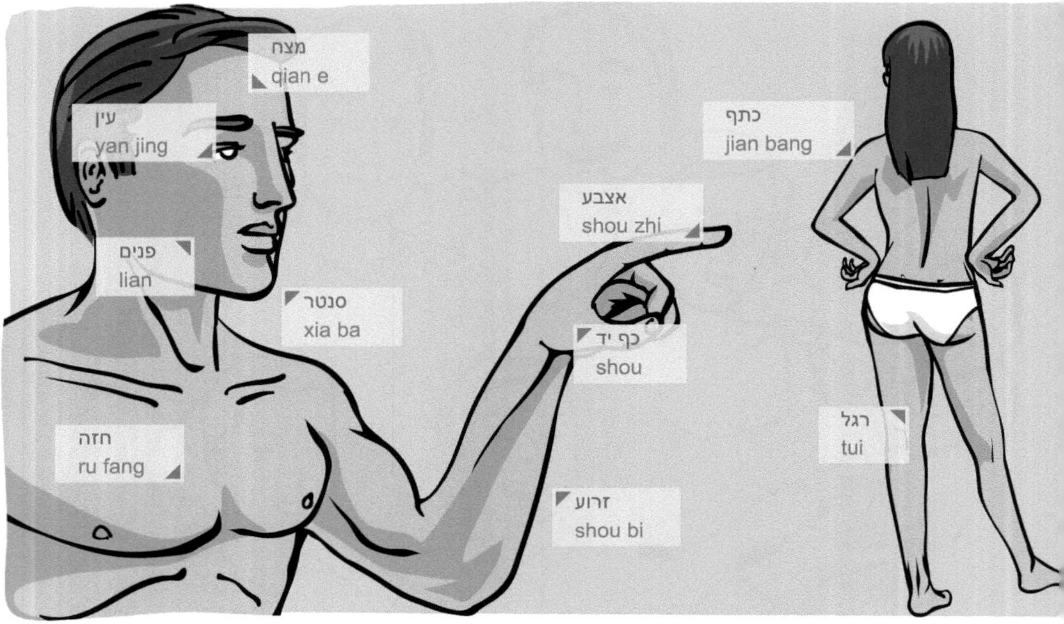

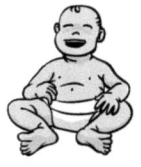

תינוק

ying tong

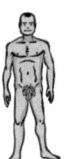

איש

nan ren

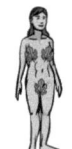

אישה

nü ren

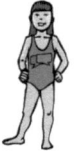

ילדה

nü hai

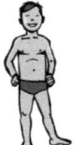

ילד

nan hai

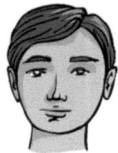

ראש

tou

גב
bei bu

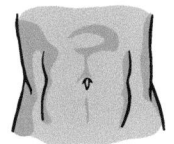

בטן
du zi

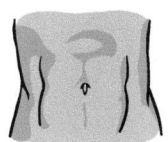

טבור
du qi

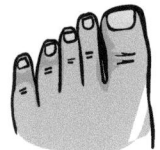

אצבע
jiao zhi

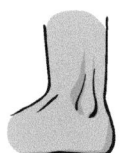

עקב
jiao hou gen

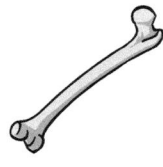

עצם
gu tou

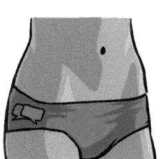

ירך
tun bu

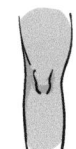

ברך
xi gai

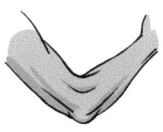

מרפק
shou zhou

אף
bi zi

עכוז
pi gu

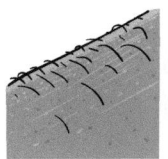

עור
pi fu

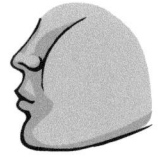

לחי
lian jia

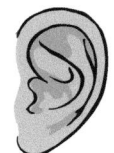

אוזן
er duo

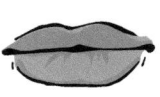

שפתיים
zui chun

גוף - shen ti

69

פה
zui

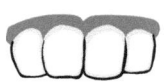

שן
ya chi

לשון
she tou

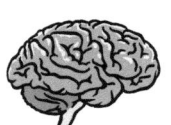

מוח
nao

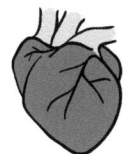

לב
xin zang

שריר
ji rou

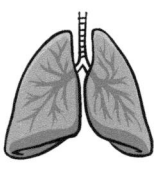

ריאה
fei

כבד
gan zang

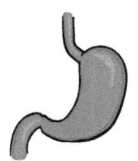

קיבה
wei

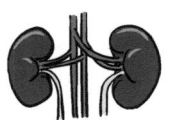

כליות
shen zang

מין
xing jiao

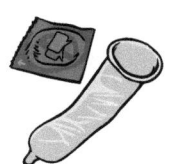

קונדום
bi yun tao

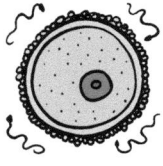

ביצית
luan zi

זרע
jing zi

הריון
huai yun

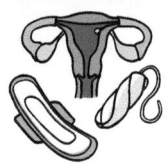

וסת

yue jing

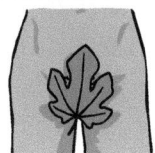

נרתיק

yin dao

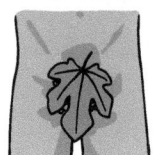

פין

yin jing

גבה

mei mao

שיער

tou fa

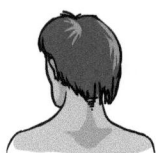

צוואר

bo zi

בית חולים

yi yuan

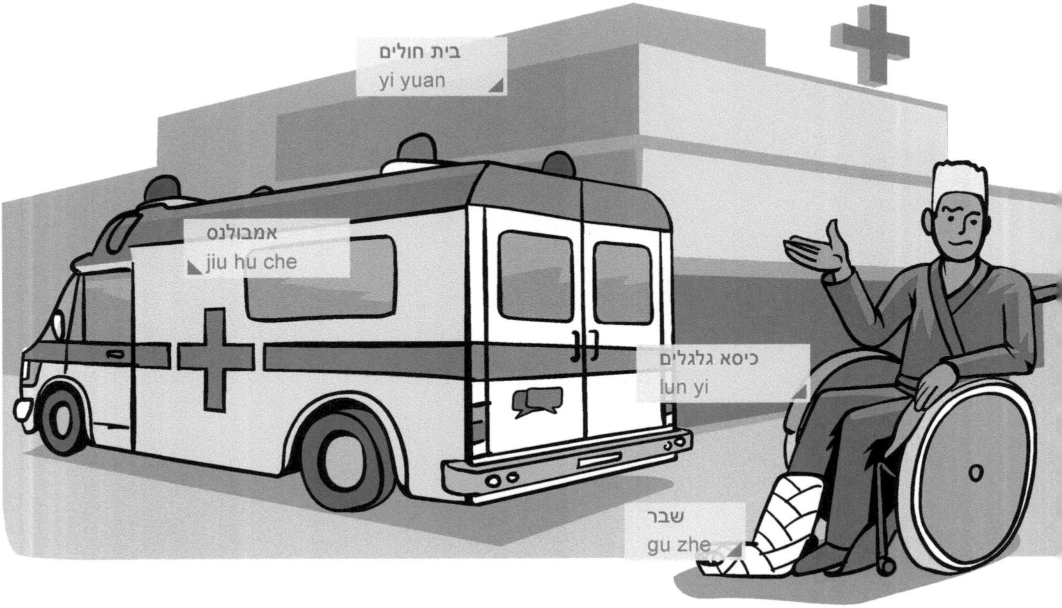

בית חולים
yi yuan
אמבולנס
jiu hu che
כיסא גלגלים
lun yi
שבר
gu zhe

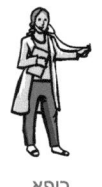

רופא

yi sheng

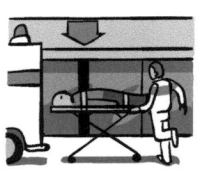

חדר מיון

ji zhen shi

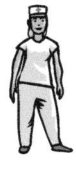

אחות

hu shi

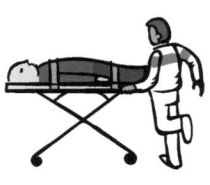

חירום

jin ji qing kuang

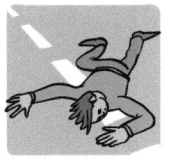

חסר הכרה

hun mi

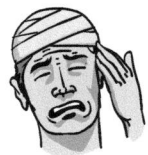

כאב

tong

פציעה

shou shang

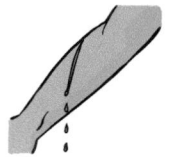

דימום

chu xue

התקף לב

xin zang bing fa zuo

שבץ

zhong feng

אלרגיה

guo min

שיעול

ke sou

חום

fa shao

שפעת

liu gan

שלשול

fu xie

כאב ראש

tou tong

סרטן

ai zheng

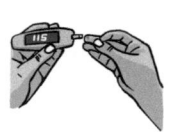

סוכרת

tang niao bing

מנתח

wai ke yi sheng

אזמל

shou shu dao

ניתוח

shou shu

סי-טי

CT

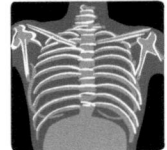

רנטגן

X guang

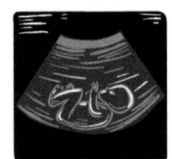

אולטרסאונד

chao sheng bo

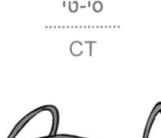

מסיכת פנים

kou zhao

מחלה

ji bing

חדר המתנה

hou zhen shi

קבה

guai zhang

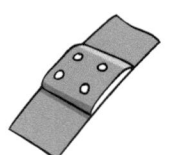

פלסטר

shi gao

תחבושת

beng dai

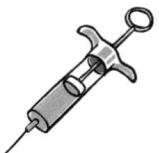

זריקה

zhu she

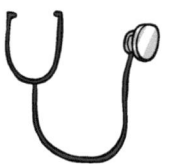

סטטוסקופ

ting zhen qi

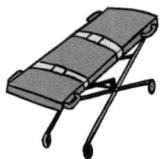

אלונקה

dan jia

מד חום

ti wen ji

לידה

chu sheng

עודף משקל

chao zhong

זיהום

gan ran

מחטא

xiao du ye

מכשיר שמיעה

zhu ting qi

תרופה

yao wu

איידס

ai zi bing

נגיף

bing du

גלולה

yao wan

טבליות

yao pian

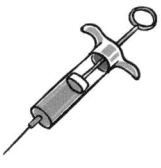

חיסון

jie zhong yi miao

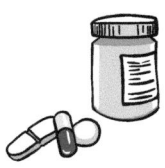

חולה / בריא

sheng bing/jian kang

מד לחץ דם

xue ya ji

קריאת חירום

ji jiu dian hua

חירום
jin ji qing kuang

פשיטה

tu ji

אזעקה

jing bao

הצילו!

jiu ming!

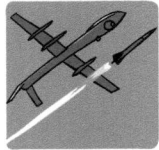

יציאת חירום

jin ji chu kou

סכנה

wei xian

תקיפה

gong ji

תאונה

yi wai

מטף כיבוי

mie huo qi

אש!

zhao huo la!

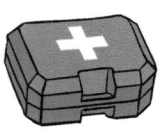

משטרה

jing cha

הצילו!

hu jiu xin hao

ערכת עזרה ראשונה

ji jiu xiang

כדור הארץ
di qiu

דרום אמריקה

nan mei zhou

צפון אמריקה

bei mei zhou

אירופה

ou zhou

אוסטרליה

ao zhou

אסיה

ya zhou

אפריקה

fei zhou

האוקיינוס ההודי

yin du yang

האוקיינוס השקט

tai ping yang

האוקיינוס האטלנטי

da xi yang

הקוטב הצפוני

bei ji

האוקיינוס הארקטי

bei bing yang

האוקיינוס האנטרקטי

nan bing yang

הקוטב הדרומי

nan ji

אנטארקטיקה

nan ji zhou

כדור הארץ

di qiu

אדמה

lu di

ים

hai

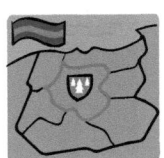

אי

dao

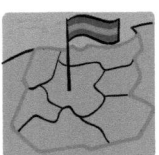

לאום

guo jia

מדינה

guo jia

שעון
zhong biao

מחוג הדקות

fen zhen

מחוג השעות

shi zhen

פני השעון

zhong mian

יום

tian

מה השעה?

xian zai ji dian?

מחוג השניות

miao zhen

שעון דיגיטלי

dian zi biao

עכשיו

xian zai

זמן

shi jian

שעה

shi

דקה

fen

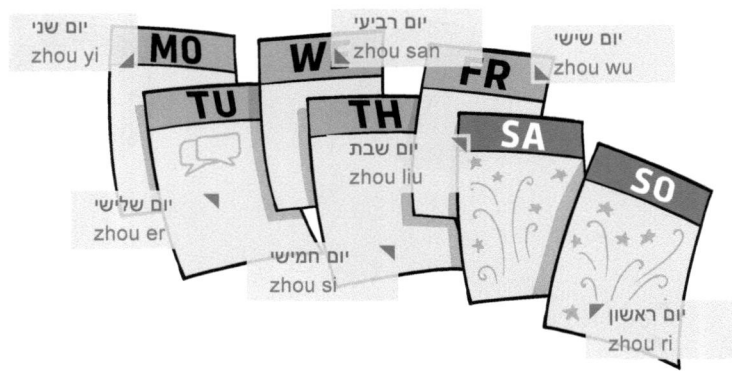

שבוע

zhou

MO
TU
W
TH
FR
SA
SO
יום שני
zhou yi
יום שלישי
zhou er
יום רביעי
zhou san
יום חמישי
zhou si
יום שישי
zhou wu
יום שבת
zhou liu
יום ראשון
zhou ri

אתמול

zuo tian

היום

jin tian

מחר

ming tian

בוקר

zao chen

צהריים

zhong wu

ערב

wan shang

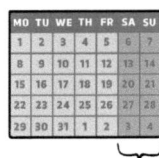

ימי עבודה

gong zuo ri

סוף שבוע

zhou mo

גשם
yu
קשת בענן
cai hong
רוח
feng
שלג
xue
אביב
chun
קיץ
xia
סתיו
qiu
חורף
dong

4.APRIL 11°
5.APRIL 4°
6.APRIL 13°
7.APRIL 8°
8.APRIL 10°

תחזית מזג האוויר

tian qi yu bao

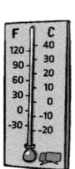

F
C

מד חום

wen du ji

אור שמש

yang guang

ענן

yun

ערפל

wu

לחות

chao shi

ברק

shan dian

רעם

da lei

סערה

feng bao

ברד

bing bao

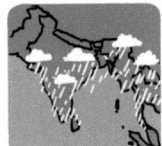

רוח עונתי

ji feng

שיטפון

hong shui

קרח

bing

ינואר

yi yue

פברואר

er yue

מרץ

san yue

אפריל

si yue

מאי

wu yue

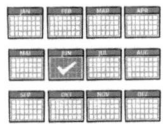

יוני

liu yue

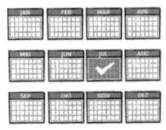

יולי

qi yue

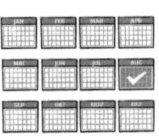

אוגוסט

ba yue

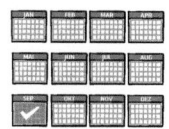

ספטמבר

jiu yue

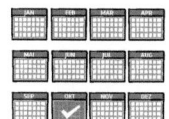

אוקטובר

shi yue

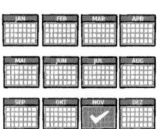

נובמבר

shi yi yue

דצמבר

shi er yue

צורות

xing zhuang

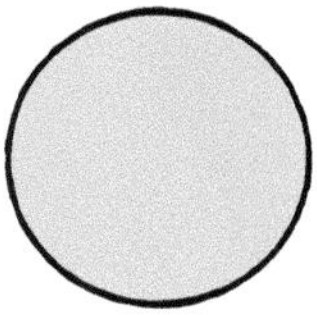

עיגול

yuan xing

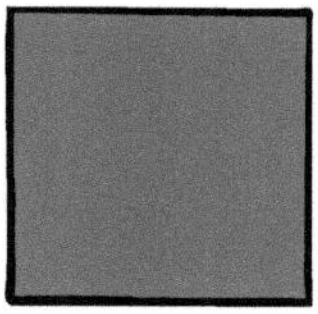

מרובע

zheng fang xing

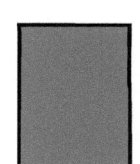

מלבן

chang fang xing

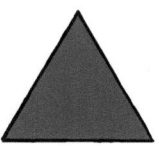

משולש

san jiao xing

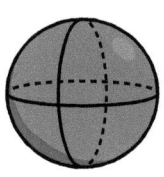

כדור

qiu ti

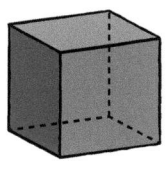

קובייה

li fang ti

צבעים

yan se

לבן

bai

צהוב

huang

כתום

cheng

ורוד

fen

אדום

hong

סגול

zi

כחול

lan

ירוק

lü

חום

zong

אפור

hui

שחור

hei

הפכים
fan yi ci

יפה / מכוער

mei/chou

כועס / רגוע

sheng qi/ping jing

הרבה / מעט

hen duo/shao xu

בהיר / כהה

ming/an

גדול / קטן

da/xiao

התחלה / סוף

shou/wei

שלם / חלקי

wan zheng/que shi

נקי / מלוכלך

gan jing/ang zang

אח / אחות

xiong di/jie mei

רחב / צר

kuan/zhai

מת / חי

si/sheng

יום /לילה

bai tian/wan shang

אכיל / לא אכיל

ke shi yong/fei shi yong

רשע / טוב לב

xie e/shan liang

מתרגש / משועמם

xing fen/wu liao

שמן / רזה

pang/shou

ראשון / אחרון

di yi/zui hou

חבר / אויב

peng you/di ren

מלא / ריק

man/kong

קשה / רך

ying/ruan

כבד / קל

zhong/qing

רעב / צמא

e/ke

חולה / בריא

sheng bing/jian kang

בלתי-חוקי / חוקי

fei fa/he fa

נבון / טיפש

cong ming/yu ben

שמאל / ימין

zuo/you

קרוב / רחוק

jin/yuan

חדש / משומש

xin/jiu

כלום / משהו

mei you/you xie

זקן / צעיר

lao/you

פעיל / כבוי

kai/guan

פתוח / סגור

da kai/he shang

שקט / רועש

an jing/chao nao

עשיר / עני

fu/qiong

נכון / שגוי

dui/cuo

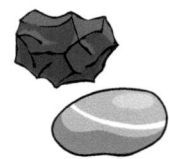

מחוספס / חלק

cu cao/guang hua

עצוב / שמח

shang xin/gao xing

קצר / ארוך

duan/chang

איטי / מהיר

man/kuai

רטוב / יבש

shi/gan

חם / קר

wen nuan/liang shuang

מלחמה / שלום

zhan zheng/he ping

מספרים
shu zi

0
אפס
ling

1
אחת
yi

2
שתיים
er

3
שלוש
san

4
ארבע
si

5
חמש
wu

6
שש
liu

7
שבע
qi

8
שמונה
ba

9
תשע
jiu

10
עשר
shi

11
אחת-עשרה
shi yi

12
שתים-עשרה
shi er

13
שלוש-עשרה
shi san

14
ארבע-עשרה
shi si

15
חמש-עשרה
shi wu

16
שש-עשרה
shi liu

17
שבע-עשרה
shi qi

18
שמונה-עשרה
shi ba

19
תשע-עשרה
shi jiu

20
עשרים
er shi

100
מאה
bai

1.000
אלף
qian

1.000.000
מיליון
bai wan

אנגלית

ying yu

אנגלית אמריקאית

mei shi ying yu

סינית מנדרינית

pu tong hua

הודית

yin di yu

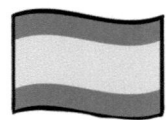

ספרדית

xi ban ya yu

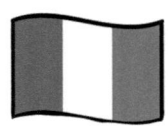

צרפתית

fa yu

ערבית

a la bo yu

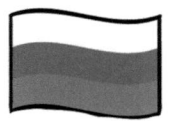

רוסית

e yu

פורטוגזית

pu tao ya yu

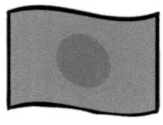

בנגלית

feng jia la yu

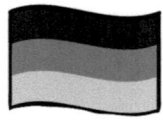

גרמנית

de yu

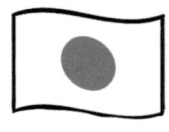

יפנית

ri yu

מי / מה / איך

shei / shen me / zen yang

אני

wo

אתה / את

ni

הוא / היא / זה

ta/ta/ta

אנחנו

wo men

אתם

ni men

הם

ta men

מי?

shei?

מה?

shen me?

איך?

zen yang?

איפה?

na li?

מתי?

shen me shi hou?

שם

ming zi

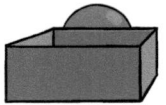

איפה

fang wei

לפני

qian mian

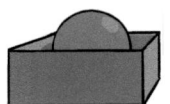

בתוך

li mian

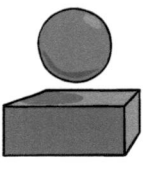

מאחור

hou mian

מתחת

xia mian

על

shang mian

מעל

shang fang

מקום

di dian

בין

zhong jian

ליד

pang bian